真剣乱舞祭 2018

彩時記

## Live Number

『弔いの舞』
作曲・編曲：YOSHIZUMI

『ハレハレ祭り』
作詞：浅井さやか　作曲・編曲：YOSHIZUMI

『祇園祭』
作詞：民謡　作曲：民謡（YOSHIZUMI）　編曲：YOSHIZUMI

『ねぶた祭り』
作詞：浅井さやか　作曲・編曲：YOSHIZUMI

『阿波踊り』
作詞：浅井さやか　作曲・編曲：YOSHIZUMI

『雪祭り』
作詞：浅井さやか　作曲・編曲：YOSHIZUMI

『よさこい祭り』
作詞：民謡（浅井さやか）　作曲：民謡（YOSHIZUMI）　編曲：YOSHIZUMI

『YOSAKOI ソーラン祭り』
作詞：浅井さやか　作曲：民謡（YOSHIZUMI）　編曲：YOSHIZUMI

『巴形薙刀・剣舞』
作曲・編曲：YOSHIZUMI

『Lost The Memory』
作詞：miyakei　作曲：youwhich　児山啓介　編曲：児山啓介　Stage Arrangement：YOSHIZUMI

『In My Light』
作詞：Saku（Wee's inc.）　作曲・編曲：Saku（Wee's inc.）　ツカダタカシゲ（Wee's inc.）

『断然、君に恋してる！』
作詞：mikito　てにをは　作曲・編曲：mikito

『Just Time』
作詞：miyakei　作曲：草川瞬　原田峻輔　大智　編曲：原田峻輔

『Secret Sign』
作詞：miyakei　作曲：大智　田原伸浩　編曲：田原伸浩　児山啓介　Stage Arrangement：YOSHIZUMI

『Heart-To-Heart』
作詞・作曲・編曲：関屋直樹　Stage Arrangement：YOSHIZUMI

『漢花、美しき日々よ』
作詞：miyakei　作曲：大智　児山啓介　編曲：児山啓介　Stage Arrangement：YOSHIZUMI

『Can you guess what?』
作詞：篤志　渡辺光彦　作曲・編曲：篤志　Stage Arrangement：YOSHIZUMI

『ゆうやみ』
作詞・作曲：miyakei　編曲：Keisuke Koyama

『誰のモノでもない人生』
作詞・作曲・編曲：関屋直樹

『Timeline』
作詞：miyakei　作曲：大智　原田峻輔　編曲：原田峻輔

『Don't worry, don't worry』
作詞・作曲・編曲：関屋直樹

『Gateway』
作詞：Ryo Matsubara　Jeremy Quartus　作曲：JUNKOO　Jeremy Quartus　編曲：JUNKOO

『mistake』
作詞・作曲：多田慎也　TAKAROT　編曲：TAKAROT　Stage Arrangement：YOSHIZUMI

『解けない魔法 (Acoustic ver.)』
作詞・作曲：田尻知之 (note native)　本澤尚之　編曲：YOSHIZUMI

〜会場替わり曲〜

『Versus』（福井公演・東京公演）
作詞・作曲：平 義隆　編曲：内田敏夫

『Mirage』（宮城公演）
作詞・作曲：Kenji Kabashima (Wee's inc.)　編曲：SiZK (Wee's inc.)

『僕がいる場所』（大阪公演）
作詞：miyakei　作曲：大智　原田峻輔　編曲：原田峻輔

『Real Love』（千葉公演）
作詞・作曲・編曲：WolfJunk (Wee's inc.)

『Shining Night』
作詞・作曲・編曲：田尻知之 (note native)　本澤尚之　Stage Arrangement：YOSHIZUMI

『To the North』
作詞：浅井さやか　作曲・編曲：YOSHIZUMI

『だいすき』
作詞：mikito　てにをは　作曲・編曲：mikito

『Million Melodies』
作詞：miyakei　作曲：youwhich　原田峻輔　編曲：原田峻輔

『KIZASHI』
作詞：miyakei　作曲：大智　原田峻輔　編曲：原田峻輔

『白刃の月』
作詞・作曲・編曲：関屋直樹

『獣』
作詞・作曲・編曲：SAKRA　Stage Arrangement：YOSHIZUMI

『あめつちはじめて 〜ハレハレ祭りリプライズ〜』
作詞：浅井さやか　作曲・編曲：YOSHIZUMI

『帰り道』
作詞：浅井さやか　作曲・編曲：YOSHIZUMI　Stage Arrangement：YOSHIZUMI

『刀剣乱舞』
作詞：茅野イサム　作曲：篤志　渡辺光彦　編曲：篤志　Stage Arrangement：YOSHIZUMI

# ミュージカル『刀剣乱舞』〜真剣乱舞祭2018〜

サンドーム福井 2018.11.24 ／ 日本武道館 2018.11.27-11.28 ／ セキスイハイムスーパーアリーナ 2018.12.5-12.6 ／
大阪城ホール 2018.12.11-12.12 ／ 幕張メッセ国際展示場 9・10・11ホール 2018.12.15-12.16

| | | | | | |
|---|---|---|---|---|---|
| 原案 | 「刀剣乱舞-ONLINE-」より（DMM GAMES/Nitroplus） | **STAFF** | | | |
| | | 音楽監督 | YOSHIZUMI | 脚本協力 | 矢崎 進　渡鳥右子　藤言乃葉 |
| 総合演出 | 茅野イサム | 殺陣 | 清水大輔（和太刀） | 美術協力 | シミズオクト |
| 脚本 | 御笠ノ忠次 | 照明 | 尾崎知裕（SWEET STUFF GROUP） | 照明協力 | SWEET STUFF GROUP |
| 振付・ステージング | 本山新之助 | 音響 | 山本浩一（エス・シー・アライアンス） | 音響協力 | エス・シー・アライアンス　ステージオフィス |
| | | 音響効果 | 青木タクヘイ（ステージオフィス） | ヘア協力 | PINZORO |
| | | 映像 | 石田 肇　横山 翼 | メイク協力 | 嶋田ちあきメイクアップアカデミー |
| | | 衣裳 | 小原敏博 | 収録協力 | ユークリッド・エージェンシー |
| **CAST** | | ヘアメイク | 糸川智文 | 運営協力 | キョードー北陸　ディスクガレージ |
| 三日月宗近役 | 黒羽麻璃央 | ライブ衣裳 | 農本美希（エレメンツ，アッシュ） | | キョードー東北　夢番地 |
| 小狐丸役 | 北園 涼 | 作詞 | 浅井さやか（One on One） | 物販協力 | サンリオファーイースト　ダブハンドデザインズ |
| 石切丸役 | 崎山つばさ | 歌唱指導 | カサノボー晃 | | DMI　堀内カラー　マイム・コーポレーション |
| 岩融役 | 佐伯大地 | 太鼓指導 | 東京打撃団（平沼仁一　加藤拓哉　佐藤晃弘） | 制作協力 | マスターワーク　サイレン・エンタープライズ |
| 今剣役 | 大平峻也 | 演出助手 | 池田泰子 | | アンデム |
| 大和守安定役 | 鳥越裕貴 | 舞台監督 | 村松輝一（ビスパ）　新堀晃弘（フライズコーポレーション） | | |
| 和泉守兼定役 | 有澤樟太郎 | | | 宣伝美術 | 江口伸二郎 |
| 堀川国広役 | 阪本奨悟 | 美術・デザイン・施工 | 菅谷忠弘　重住英里香（シミズオクト） | 宣伝写真 | 三宅祐介　山崎伸康　髙木亜麗 |
| 蜂須賀虎徹役 | 髙橋健介 | 舞台機構 | 榎本和久　茂木 至（テルミック） | WEB制作 | SKIYAKI |
| 長曽祢虎徹役 | 伊万里 有 | フロート | 佐藤和教　新垣隆治　北野良樹（エアロテック） | 物販進行 | 花島明希　黒瀬萌美　村松亜耶 |
| にっかり青江役 | 荒木宏文 | 映像機材 | 大橋俊久　安田佳弘（SOUND CREW CO.,LTD.） | 商品営業 | 田口明日香 |
| 千子村正役 | 太田基裕 | 特殊効果 | 高橋正和　飛田雅美（SHOOTER） | | |
| 蜻蛉切役 | spi | レーザー | 木村邦彦（ホーコークリエーティブ） | キャスティング | 野上祥子　二村麻里子 |
| 物吉貞宗役 | 横田龍儀 | 電源 | 阿部かほり（三穂電機） | 宣伝 | 佐藤すみれ　片岡麻衣子 |
| 髭切役 | 三浦宏規 | サービスカメラ | 新井貴博（629） | 法務 | 石川恭司　山室栄美 |
| 膝丸役 | 髙野 洸 | 小道具 | 田中正史（アトリエ・カオス） | 制作助手 | 近藤たえ（アンデム） |
| 陸奥守吉行役 | 田村 心 | トランスポート | 木島庸之（プロテック） | 制作デスク | 犬飼尚子　上田麻祐子 |
| 巴形薙刀役 | 丘山晴己 | 照明操作 | 鈴木健司（Lupo） | 制作進行 | 松本美千穂　塚本恵太　園山みさと　堀 聖美 |
| | | | 小松崎由依　森山拓馬　清水公樹（SWEET STUFF GROUP） | | 山岸優紀子　渡部 愛　佐藤由貴（ネルケプランニング） |
| 蜻蛉切役 | spi | | 河崎 睦　山下みなみ　吉田 晶　浦田知明 | | 小野里明裕　山本 茂　石井修平（マスターワーク） |
| 物吉貞宗役 | 横田龍儀 | 音響操作 | 水谷真衣　倉重雅一　江藤貴英　月井ゆかり | | 小寺博昭（サイレン・エンタープライズ） |
| 髭切役 | 三浦宏規 | | 坪井七緒　佐藤日出夫　松山 岳　宮脇奈津子 | | |
| | | 音響システムデザイン | 野口利明　今井 晶 | | |
| | | 音響効果操作 | 奥村 威　矢野夏帆 | 監修協力 | 芝村裕吏　ニトロプラス |
| | | 映像操作 | 堀之内晶子 | | |
| 陸奥守吉行役 | 田村 心 | 衣裳進行 | 名村多美子　懸樋抄織　竹内さや香　山田有紀 | 製作委員会 | |
| 巴形薙刀役 | 丘山晴己 | | 柿沼千晴　増田直子　石井玲歌　音 華花　藤村謡子 | | 早坂七恵　多々納麻岐（ネルケプランニング） |
| | | ヘアメイク進行 | 谷本明奈　杉野未香　鈴木りさ　津田亜由美 | | 小坂崇氣　OK間　北岡 功　小鞠　星野未来　大暮理奈（ニトロプラス） |
| | | | 田中沙希　梅田 泉　川崎まろみ　白石恵梨 | | 村中悠介　本條 寛　森田 淳　太田春輝　根本幸子（DMM GAMES） |
| 武蔵坊弁慶役 | 田中しげ美 | | | | 木村敏彦　石森 洋　宮瀬幸也　大平恵理子　羽田野嘉洋 |
| 源義経役 | 荒木健太朗 | 小道具進行 | 新納大介（ハコラボ）　山口ミハル　大部恭平 | | 小島花菜（ユークリッド・エージェンシー） |
| 源頼朝役 | 冨田昌則 | 音楽アシスタント | 杉田未央 | | |
| 藤原泰衡役 | 加古臨王 | 衣裳アシスタント | 小林由香 | 協力 | 一般社団法人 日本2.5次元ミュージカル協会 |
| | | ライブ衣裳アシスタント | 奥村浩子 | | |
| 近藤 勇役 | 郷本直也 | 映像製作 | 大見康裕　新田憲太郎　藤田陽平　宮崎大地 | 制作 | ネルケプランニング |
| 土方歳三役 | 髙木トモユキ | | KENNY　小野奈津江　長井優希　斉川 翼 | プロデューサー | 松田 誠　でじたろう |
| 中島 登役 | 新原 武 | | 磯部美巴子　小松愛衣子 | | |
| 榎本武揚役 | 藤田 玲 | 甲冑製作 | 水野泰彰（Λ-Sura） | 主催 | ミュージカル『刀剣乱舞』製作委員会 |
| | | フロート・劇中道具デザイン | 池宮城直美 | | （ネルケプランニング　ニトロプラス　DMM GAMES　ユークリッド・エージェンシー） |
| | | よさこい振付・指導 | 國友裕一郎 | | |
| 岩崎大輔 | 大野涼太 | ボイ指導 | Yuta（ボイラボ） | **ミュージカル刀剣乱舞　真剣乱舞祭2018 彩時記　STAFF** | |
| 笹原英作 | 西岡寛修 | ボイ指導アシスタント | Asuka（ボイラボ） | アートディレクション | Gene & Fred |
| 鹿糠友和 | 村中一輝 | 稽古場代役 | 小笠原慎吾　島田友愛　小古瀬育子 | デザイン | 冨澤朱夏　末次宏美　野中奏子（Gene & Fred） |
| Show-Me | sho-ta. | | 中野みほ　篠尾佳介　柳原 凛 | 撮影 | 渡部俊介　金山フヒト　植田哲平　和田大樹 |
| 金子直行 | 前原雅樹 | トレーナー | 伊藤 洋　親泊 聡　田代健一　武田浩幸　遠藤浩隆 | | Studio Elenish |
| 休徳竜也 | 村上雅貴 | 音楽制作 | ユークリッド・エージェンシー | ビジュアル進行 | 多々納麻岐 |
| 鴻巣正季 | 服部 悠 | | | 編集・制作進行 | 沼田由佳　福田明日香 |
| 山口敬太 | 杉山諒二 | 協力 | ヴィズミック　RMP　スペースクラフト・エンタテインメント　ホリ・エージェンシー | 制作統括 | 二宮 大（Gene & Fred） |
| 佐藤一輝 | 河野健太 | | 放映新社　砂岡事務所　キャストコーポレーション　アミューズ | | |
| R.Y.O | 宮坂凌芽 | | フレイヴ エンターテインメント　ワタナベエンターテインメント　アバンセ　ベンヌ | | |
| 伊達康浩 | 片山浩憲 | | ウィルビー・インターナショナル　エイベックス・マネジメント　ABP inc. | | |
| 佐藤文平 | 松本直也 | | GENKI Produce／テイクワン・オフィス　ナノスクエア　オリオンズベルト　扉座　ドルチェスター | | |
| | | | ダンシング・オフィス西条　BQMAP　コルト　レッドエンタテインメントデリヴァー　アデッソ | | |